El Sembrador y la semilla de Mostaza

The Sower and The Mustard Seed

Dra. Nohemí C. Pagán

El sembrador y la semilla de mostaza

Publicado por Editorial Patmos,
Miami, FL. 33169

Diseño de portada e interior por Centro Mundial de Avivamiento y Adrián Romano

ISBN: 978-1-58802-966-9

Categoría: Niños

Impreso en Brasil | *Printed in Brazil*

De / From

Para / To

Día / Date

Contenido

El sembrador y la semilla de mostaza 8
Valores 9

Capítulo 1: ¡Sorpresa! Encuentro inesperado 13
Capítulo 2: Parábola del Sembrador 23
Capítulo 3: Parábola de la Semilla de Mostaza 41
Capítulo 4: Inolvidable despedida 59

Vocabulario 76
Alfabetos Español / Inglés 77

Actividades
- I. Lee y escribe 78
- II. Dibuja al sembrador plantando la semilla de mostaza 80
- III. Preguntas para responder 82
- IV. ¿Qué falta en el segundo dibujo? 84
- V. Frases para leer, meditar y reaccionar 86
- VI. Mar de Galilea: Marca las palabras y dibujos repetidos 88
- VII. Pinta los dibujos de la historia 92

Dedicatoria 94
Agradecimientos 96
Datos Biográficos 98

Table of Contents

The Sower and The Mustard Seed 8
Values 9

Chapter 1: Surprise! An Unexpected Encounter 13
Chapter 2: The Parable of the Sower 23
Chapter 3: The Parable of the Mustard Seed 41
Chapter 4: An Unforgettable Farewell 59

Vocabulary 76
Alphabets Spanish / English 77

Activities
- I. Read and Write 78
- II. Draw the sower planting a mustard seed 80
- III. Questions to answer 82
- IV. What is missing in the second drawing? 84
- V. Phrases for reading, meditating and responding 87
- VI. Sea of Galilee: Mark the words and drawings that are repeated 90
- VII. Color the drawings in the story 92

Dedication 95
Acknowledgments 97
Biography 98

El sembrador y la semilla de mostaza

"Un sembrador salió a sembrar. Al esparcir la semilla, una parte cayó junto al camino; fue pisoteada, y los pájaros se la comieron. Otra parte cayó sobre las piedras y, cuando brotó, las plantas se secaron …" (Lucas 8.5-8).

"—Por la poca fe que tienen —les respondió—. Les aseguro que, si tuvieran fe tan pequeña como un grano de mostaza, podrían decirle a esta montaña: 'Trasládate de aquí para allá', y se trasladaría. Para ustedes nada sería imposible." (Mateo 17.20).

—Dra. Nohemí C. Pagán
Profesora de Espiritualidad y Educación Transformadora
Centro de Estudios Bíblicos en Jerusalén

The Sower and The Mustard Seed

"A farmer went out to sow his seed. As he was scattering the seed, some fell along the path; it was trampled on, and the birds ate it up. 6 Some fell on rocky ground, and when it came up, the plants withered because they had no moisture …" (Luke 8.5-8).

"Because you have so little faith. Truly I tell you, if you have faith as small as a mustard seed, you can say to this mountain, 'Move from here to there,' and it will move. Nothing will be impossible for you." (Matthew 17.20, NIV).

—Dr. Nohemí C. Pagán
Professor of Spirituality and Transforming Education
Jerusalem Center for Biblical Studies

Valores

En esta esta hermosa historia encontrarás valores importantes que Jesús enseñó y que nosotros debemos conocer y aplicar a nuestra vida: amor, respeto, bondad, alegría, nobleza, perseverancia...

Values for life

In this beautiful story you will discover important values that Jesus taught and which we should know and put into practice in our lives: love, respect, mercy, joy, nobility, perseverance...

El Sembrador y la semilla de Mostaza

The Sower and The Mustard Seed

Capítulo 1

Chapter 1

¡Sorpresa!

Encuentro Inesperado

Surprise!

An Unexpected Encounter

Era temprano en la mañana y todos se encontraron, sin ponerse de acuerdo, en el mismo lugar. ¡Llegaron a Galilea! ¡Allí estaban "los amigos"! El Mar de Galilea estaba tranquilo y el sol brillaba con fuerza.Ymas fue el primero en hablar.

YMAS

—¡Hola, hola! ¿Cómo están, amigos?

SHALOM

—¡Saludos, Ymas! Nosotros estamos muy bien. Y tú luces feliz y radiante como el sol, ¡esa bola grande de fuego!

TESORO

—¡Hermano, qué gusto es poder verte otra vez!

YMAS

—¿Qué hacen por acá?
¿Por qué no me avisaron que se iban a reunir?

AMAL

—¡Oh, no! Nos encontramos por casualidad en esta bella ciudad. Hablamos sobre esta semilla pequeñita. Se conoce como la "semilla de mostaza". ¿Haz escuchado sobre ella? Parece algo insignificante pero entre todos hemos descubierto que es muy poderosa y valiosa.

Fíjate que se nos hace muy difícil creer que de algo tan diminuto se levante una planta grande o arbusto fuerte capaz de producir frutos con estas semillas que pueden alimentar, sanar, embellecer, curar, aliviar, y hacer muchas cosas más. ¿Será por eso que al árbol de mostaza también se le conoce con el nombre de "Salvadora pérsica"?

It was early in the morning, and they all found themselves together, without even planning it, in the same place. They had arrived at Galilee! "The Friends" were together again! The Sea of Galilee was calm and the sun was shining brightly.
Ymas was the first to speak

YMAS

—Hello, hello! How are you guys?

SHALOM

—Hi, Ymas! We're doing very well. And you look bright and radiant, just like the sun, a great big ball of fire!

TESORO

—Brother, it's good to see you again too!

YMAS

—What are you doing here?
Why didn´t you tell me you were getting together?

AMAL

—Oh, no! We just happened to run into each other here in this beautiful town. We have been talking about this small seed. It is known as the "mustard seed". Have your heard about it? It seems to be insignificant, but between us we have realized that it is actually very powerful and valuable.

You can imagine it is not easy for us to picture something so tiny becoming a large plant or strong hedge capable of producing fruit from these seeds that can feed, heal, beautify, alleviate pain and much more. Could that be why the mustard tree has been known as the Salvadora pérsica?

—¿Ymas, te gustaría quedarte con nosotros para investigar qué otros beneficios podemos recibir y aprender de esta pequeña semilla?

YMAS

—¡Por supuesto que me quedo con ustedes! Creo que todos tenemos mucho que aprender, Amal. Tu invitación me agrada y me recuerda que a pesar de que todos somos diferentes siempre seremos buenos amigos.

SHALOM

—Amal, desde que nos encontramos quería hacerte una pregunta. ¿Quién está a tu lado? ¡No me has presentado a tu compañero! Parece un venadito asustado. ¡Quisiera conocerlo!

AMAL

—¡Es cierto! Por favor, perdónenme. Compañeros, ¡les presento a Salaam! También es mi gran amigo, como ustedes. Lo conocí en la escuela y vive muy cerca de mi casa en Belén de Judea. Quiere unirse a nuestro grupo de estudios, paseos y cuentos. Con él comenzamos este diálogo, pues sabe mucho sobre la semilla de mostaza y desea compartir sus conocimientos con nosotros. ¿Qué les parece?

SHALOM

—¡Excelente! ¡Bienvenido, a nuestro grupo, Salaam! Tu presencia nos hace sentir orgullosos y agradecidos de Dios. ¡Esa es nuestra riqueza! Cada uno de nosotros representa las diferentes bondades divinas que son parte del Reino de Dios. Un lugar del cual todos somos parte.

TESORO

—¡Hola, hola! Amal,
¡Qué hermosa se escucha la palabra amigo!

SALAAM

—¡Qué alegre y feliz me siento al poder conocerlos a todos! Es cierto que pertenecemos a la creación de Dios. Y todo lo que hace nuestro Señor, lo crea bueno, hermoso y con amor. Con mucho gusto compartiré lo que conozco sobre la semilla de mostaza.

—¿Ymas, would you like to stay with us in order to look into some of the other benefits that we can receive and learn about this small seed?

YMAS

—Of course I'll stay with you guys! I think we all have a lot to learn, Amal. Your invitation is an honor and it reminds me that in spite of our differences, we will always be good friends.

SHALOM

—Amal, ever since we met up here, I've been wanting to ask you a question. Who is that by your side? You haven't introduced your friend! He looks a little frightened deer. I'd like to meet him!

AMAL

—You´re right. Please, forgive me. Friends, I present to you Salaam! He is also a good friend of mine, just like you guys. I met him in school and he lives very close to my home in Bethlehem of Judea. He wants to join our study group, go on our trips and be in our stories. We can begin our discussion with him, because he knows a lot about the mustard seed and wants to share what he knows with us. What do you think?

SHALOM

—Excellent! Welcome, Salaam! Your being here makes us feel proud and grateful to God. That's our reward! Each of us represents the different divine gifts that make up the Kingdom of God. That is a place we are all part of.

TESORO

—Hello, hello, Amal!
The word friend is a wonderful word to hear!

SALAAM

—I am so happy to be able to meet all of you! It's true, we are all part of God's creation. And everything that our Lord does, he makes it good, beautiful and with love. I will be very happy to share what I know about the mustard seed.

Capítulo 2

Chapter 2

Parábola

Del Sembrador

Parable

of the Sower

Amal se sintió muy feliz con el tierno recibimiento a su amigo Salaam. De pronto recordó una historia de la Biblia, que comenzó a contarla a sus amigos.

AMAL

—"Un sembrador salió a sembrar. Al esparcir la semilla, una parte cayó junto al camino; fue pisoteada, y los pájaros se la comieron. Otra parte cayó sobre las piedras y, cuando brotó, las plantas se secaron por falta de humedad. Otra parte cayó entre espinos que, al crecer junto con la semilla, la ahogaron. Pero otra parte cayó en buen terreno; así que brotó y produjo una cosecha del ciento por uno."

(Lucas 8.5-8)

Perdonen, pero como van hablar de la mostaza, recordé esta narración escrita en forma de parábola en la Biblia. Habla un poco sobre el tema de hoy. Creo que vamos a aprender mucho de esta semilla y del relato del Libro Sagrado.

Amal felt very happy that he had been so well received by his friend Salaam. Suddenly he remembered a story from the Bible and began to tell it to his friends.

AMAL

—"A farmer went out to sow his seed. As he was scattering the seed, some fell along the path; it was trampled on, and the birds ate it up. Some fell on rocky ground, and when it came up, the plants withered because they had no moisture. Other seed fell among thorns, which grew up with it and choked the plants. Still other seed fell on good soil. It came up and yielded a crop, a hundred times more than was sown."

(Luke 8.5-8)

Excuse me, but since you are going to talk about the mustard seed, I remembered this story from the Bible written in the form of a parable. It talks a little bit about our subject for today. I think that we will be learning a lot about this seed and about the story in the Holy book.

SALAAM

—Antes de seguir hablando, quiero que todos tengan en sus manos una muestra de la semilla de mostaza. Traje una bolsita para cada uno de ustedes.

Shalom se maravilla con el tamaño y los colores de las semillas. Son tan pequeñitas que casi no se ven en su mano. Además, son amarillas, negras y casi blancas.

SHALOM

—¡Sí, las semillas son muy hermosas, diminutas y de diferentes colores!

Salaam, las mira y se da cuenta que podía hablar con sus nuevos amigos sobre lo que sabía de esta importante creación de Dios. Toma varias muestras en sus manos y comenta:

SALAAM

—Before going on talking, I want each of you to hold one of these mustard seeds in your hands. I brought a small bag for each of you.

Shalom is amazed at the size and the colors of these seeds. They are so tiny that they can hardly be seen in his hand. In addition, some are yellow, some black and some almost white.

SHALOM

—Yes, the seeds really are very beautiful, tiny, and of many different colors!

Salaam looks at them and realizes that he can talk with his new friends about what he knows with regard to this important creation of God. He takes several samples in his hands and says:

SALAAM

—Mi padre es agricultor y le gustan mucho estas semillas. Dice que hay que conocer cada detalle de ella.

YMAS

—¿De verdad? ¿Pero qué debemos conocer sobre estas bolitas tan pequeñitas y qué nos enseñan? —pregunta Ymas, con mucha insistencia.

SALAAM

—En primer lugar, estas semillas crecen en cualquier terreno cuando comienza la primavera. Pero si son sembradas en buen suelo y como a 1 pulgada de profundidad crecen muy rápido. Cuando el arbusto o árbol crece, se desarrolla muy saludable. Sus raíces son fuertes y crecen como 5 pies.

SALAAM

—My father is a farmer and he really likes these seeds. He says it is important to know every detail about them.

YMAS

—Really? But what should we know about these little balls that are so tiny and what they teach us? Asked Ymas, with great insistence.

SALAAM

—In the first place, these seeds grow in any soil at the beginning of spring. But if they are planted in good soil about 1 inch deep, they will grow very fast. When the bush or tree grows, it develops very healthy. The roots are strong and grow as much as 5 feet long.

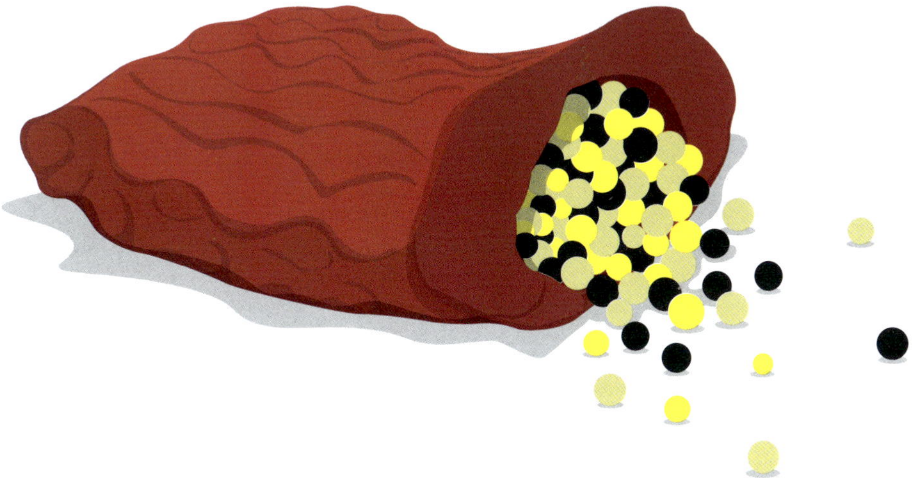

SALAAM

—Almacenan agua para proporcionar humedad a la planta. Cuando estas pequeñas semillas son sembradas cerca de otras plantaciones, los árboles que se levantan son capaces de alimentarlas pues preparan la tierra que les rodea con mucha humedad y otros nutrientes importantes para la buena cosecha.

YMAS

—Salaam, ¿pero qué sabor extraño tiene esta semilla? No te puedo explicar a qué sabe, pero no me gusta y huele fuerte —comenta Ymas.

SALAAM

—They retain a lot of water which provides humidity for the plant. When these tiny seeds are planted near other plants, the trees that come from them are capable of feeding themselves since they prepare the soil around them with moisture and other nutrients that are important for a good harvest.

YMAS

—Salaam, what a strange taste these seeds have! I can't explain what it tastes like, but I don't like it and it smells funny —commented Ymas.

Capítulo 3

Chapter 3

Parábola

de la Semilla de Mostaza

Parable

of the Mustard Seed

Cuando la semilla de mostaza se mezcla con agua o saliva y se machaca, produce un olor y sabor importante. Aunque ambas cosas no son muy agradables, son favorables para la planta pues es una manera de protegerse de los enemigos que se acercan a destruirlas. Esa mezcla se convierte en repelente natural para sus depredadores.

SALAAM

—¡Se cuidan de sus enemigos, Ymas! ¡Dios es muy sabio cuando crea y forma! De la misma manera que los animales y los seres humanos tienen diferentes formas para cuidarse y defenderse, también las plantas tienen la habilidad de protegerse.

YMAS

—SLa verdad es que esta planta es maravillosa, y sus frutos son magníficos. Me imagino que hay otras cosas que debemos saber.

When the mustard seed is mixed with water, or saliva, and is mashed, it produces an important odor and taste. Although neither of these are very pleasant, they are good for the plant because it is a means of protection from the enemies that come near to destroy them. That mixture turns into a natural repellent against its attackers.

SALAAM

—They protect themselves from their enemies, Ymas! God is very wise when he creates and forms things! In the same way that animals and human beings take on different ways to take care of and defend themselves, plants also have the ability to protect themselves.

YMAS

—In reality this plant really is fantastic, and its fruit is wonderful. I imagine that there are other things that we can learn.

AMAL

—¡Por supuesto, Ymas! Pero deja que Salaam nos diga todo lo que sabe de esta maravillosa creación de Dios.

SHALOM

—Casi no puedo creer todo lo que nos cuenta nuestro nuevo amigo. Debe ser emocionante vivir rodeados de plantas tan inteligentes y creativas.

SALAAM

—Son tantas las aportaciones milagrosas que tiene la mostaza que les voy a resumir lo que recuerdo.

AMAL

—Of course, Ymas! But let Salaam tell us all he knows about this wonderful creation of God.

SHALOM

—-I can hardly believe all that our new friend is telling us. It must be really exciting to live surrounded by plants that are so intelligent and creative.

SALAAM

—There are so many miraculous things about the mustard seed and I will summarize what I remember.

SALAAM

—Esta semillita también tiene nutrientes importantes para nuestro organismo. Tiene grasas no saturadas, minerales, vitaminas y propiedades para atacar las células de cáncer que se pueden alojar en nuestro cuerpo.

Además, puede ayudarnos a tratar las enfermedades en los huesos, los resfriados, las congestiones en el pecho, los dolores de cabeza y muchas otras enfermedades.

YMAS

—¿Pero será capaz de hacer algo más esta pequeña semilla?

SALAAM

—Bueno, no sé si en la casa de ustedes la usan en la cocina. Pero en la mía, recuerdo muy bien que se utiliza en las ensaladas, los condimentos, aperitivos, salsas, carnes…

SALAAM

—This tiny seed has important nutrients for our body. It has unsaturated fats, minerals, vitamins and other properties that can attack cancer cells in our body.

In addition, it can help treat sicknesses in our bones, with colds, chest congestions, headaches and a lot of other illnesses.

YMAS

—Is there anything else that this small seed can do?

SALAAM

—Well, I don't know if it is used for cooking in your homes. But in mine, I remember very well that it is used in salads, in condiments, appetizers, sauces, meats…

TESORO

—¡Es cierto! En mi casa también mi mamá la usa cuando cocina diferentes platos.

SHALOM

—¿No les parece que hay una enseñanza alrededor de esta semilla y de la historia que nos mencionó Amal ? Esa parábola nos presenta a un sembrador que sale a trabajar, junta varias semillas y luego las esparce para la siembra. Varias de las semillas son pisoteadas, otras se las comieron los pájaros, las que crecieron en las piedras se secaron por falta de humedad y las que comenzaron a desarrollarse entre los espinos, estos las ahogaron. Solo se desarrollaron en abundancia las que cayeron en buen terreno.

YMAS

—Me imagino que el sembrador de esa parábola utilizó las semillas de mostazas en su siembra, aunque los resultados fueron diferentes. ¡Lamentablemente, no todas lograron llegar al terreno que necesitaban!

Creo que debemos unir estas dos parábolas para entender mejor el mensaje de Jesús. Vamos a recodar sus palabras según Mateo 17.20:

"—Por la poca fe que tienen —les respondió—. Les aseguro que, si tuvieran fe tan pequeña como un grano de mostaza, podrían decirle a esta montaña: 'Trasládate de aquí para allá', y se trasladaría. Para ustedes nada sería imposible."

TESORO

—That's right! In my home my mother uses it for cooking different dishes.

SHALOM

—Don't you think that there is a lesson in the story of the seed and this story that Amal told us? The parable tells the story of a sower that went out to work, he gathered some seeds and then scatters them to plant. Some fall on the path and are trampled, others get eaten by birds. The ones that grew in the rocks dried up for lack of moisture and the ones that started to grow among the weeds were choked out. Only the seeds that fell in good soil developed fully.

YMAS

—I can imagine that the sower in the parable used the mustard seed for this planting, although the results would have been different. Unfortunately, they didn´t all mange to reach the soil they needed.

I think we can put these two parables together to better understand Jesus' message. Let's put these together with the words of Matthew 17.20:

"Because you have so little faith. Truly I tell you, if you have faith as small as a mustard seed, you can say to this mountain, 'Move from here to there,' and it will move. Nothing will be impossible for you."

Capítulo 4

Chapter 4

Inolvidable

despedida

An Unforgettable
Farewell

Amal vuelve a mencionar la narración escrita en forma de parábola en la Biblia. Desea compartir el mensaje que aprendió de su pastor en la Iglesia de la pequeña ciudad de Belén, donde asiste.

AMAL

—Recuerdo que mi pastor en Belén nos decía que las semillas que caen en buena tierra representan a las personas que, después de haber oído los mensajes de Jesús, conservan sus enseñanzas en su corazón y las comparten con sus vecinos, amigos, y con la familia. Esas semillas sembradas en el interior de nuestra vida logran cambiar nuestra manera de vivir sin sentido, a una nueva forma con alegría y esperanza. Pero debemos leer todo el capítulo de Lucas 8, para entender mejor las palabras de Jesús.

Aprendimos que Jesús es el Sembrador. Sus palabras y enseñanzas eran las semillas. Y la tierra saludable y buena es nuestro corazón.

Como buen Sembrador sabía que había una sola posibilidad de vida saludable para la semilla, pero todas estaban expuestas a varias opciones. Por eso antes de salir al campo a sembrar hay que preparar la semilla.

Jesús se dedicaba a sembrar con sus oraciones, enseñanzas y sus palabras. Todavía hasta el día de hoy seguimos recibiendo las semillas de las enseñanzas del Señor. El secreto es saber librarnos y protegernos de los vientos fuertes y de los que nos pueden pisotear para lograr matar nuestro corazón, que es nuestra tierra fértil.

Amal mentions again the story written in the form of a parable in the Bible. He wants to share the message he learned from the pastor at the church in the small town of Bethlehem, where he attends.

AMAL

—I remember that my pastor in Bethlehem told us that the seeds that fall on the good soil represent those people that after hearing the teachings of Jesus, keep those words in their hearts and share them with their family, friends and neighbors. Those seeds planted in our lives can change our lives that before had no meaning into new ones that are full of joy and hope. But we should read all of Luke chapter 8 to really understand the words of Jesus.

We learned that Jesus is the Sower. His words and his teaching are the seeds. And the good soil is our heart.

As the good Sower, she understood that there was only one possibility for the seed to develop in a healthy manner, but they were all exposed to other options. That is why the seed has to be prepared before going out to the field to plant.

Jesus prepared for his planting through his prayers, his teachings and his words. To this day we continue receiving the seeds of the Lord's teachings. The secret is to know how to free and protect ourselves from the strong winds and from whatever can step on us in order to try to kill our heart, which is the good soil.

AMAL

—La buena semilla es capaz de alimentar, de dar vida, de compartir, de embellecer, de producir sanidad…, y nos permite ser un árbol fuerte que logre alimentar todo lo que nos rodea. Un árbol con un corazón grande y saludable, cuya fe sea firme y capaz de producir en abundancia los buenos frutos: amor, paz, perdón, misericordia, unidad, justicia, bondad, compasión... Ese fue el mensaje primordial de Jesús.

AMAL

—The good seed is capable of feeding, giving life, sharing, beautifying, healing…, and it allows us to be a strong tree that will give nourishment to all that surrounds us. A tree with a big, healthy heart, whose faith is firm and able to produce a great abundance of fruit: love, peace, forgiveness, unity, justice, mercy, compassion… this was Jesus' main message.

SALAAM

—¡Qué interesante! Ahora entiendo mejor las parábolas de "El Sembrador" de Lucas 8.1-15 y de la "Semilla de Mostaza" en Mateo 17.20, que se encuentran en la Biblia . Además, me aclara muy bien el concepto de que nuestra fe debe ser como ese granito de mostaza con tantos poderes y capacidades. Es una forma de decirnos que debemos tener un corazón bueno, dispuesto a ser esa tierra fértil y húmeda que recibe las semillas que son las palabras y enseñanzas de Jesús. Todo lo que hizo y dijo Jesús en su ministerio produjo cientos y cientos de beneficios a los seres humanos. ¡Todavía el día de hoy el Señor Jesús, sigue bendiciendo a su pueblo con sus mensajes de esperanza y bienestar sembrados en el interior de las personas! Continúa transformando la manera de pensar de los pueblos en miseria humana y enfermos para llevarlos a la sana, justa y necesaria convivencia.

SALAAM

—How interesting! Now I understand better the parables of "The Sower" in Luke 8.1-15 and "The Mustard Seed" in Matthew 17.20 found in the Bible. Not only that, but it clears up for me the idea that our faith should be like a tiny grain of mustard with so much power and capabilities. It is a way of telling us the we should have a good heart, willing to be that good, moist soil that receives the words and teachings of Jesus. Everything that Jesus did and said in his ministry resulted in hundreds and hundreds of benefits for people. Even today the Lord Jesus continues to bless his people through his messages of hope and well-being planted within people! He continues to transform the way of thinking of those that are experiencing human misery and sicknesses in order to give them a healthy, just and needed coexistence.

YMAS

—Creo que el Señor nos ha regalado un día de importantes enseñanzas. Tengo que irme pero me gustaría despedirme de ustedes con una sencilla pero sincera oración. ¿Me lo permiten? Vamos a abrazarnos todos y decirle al Señor:

"Jesús, concédenos que la semilla de tus enseñanzas crezca en nuestros corazones y dé muchos frutos que nos permitan estar cerca de ti. Ayúdanos a llevar tus lecciones de amor, bondad, perdón, justicia y paz a los demás. En tu nombre oramos. ¡Amén!"

¡Hasta luego, amigos! En la próxima reunión, los invito a comer hamburguesas con ensaladas y salsa de mostaza. Ji, ji, ji.

AMAL

—Ja, ja, ja. ¡Muchas gracias, Ymas! ¡Hasta luego!

YMAS

—I believe that the Lord has given us a day of important lessons. prayer. May I? Let us all hold hands as we pray to the Lord:

"Jesus, grant that the seed of your teachings may grow in our hearts and give much fruit that will allow us to stay close to you. Help us to carry your lessons of love, mercy, forgiveness, justice and peace to others. In your name we pray, amen!"

See you later, my friends! At our next meeting I'll invite everyone over for hamburgers with salads and a lot of mustard sauce. Heh, heh, heh.

AMAL

—Ha, ha, ha. Thanks a lot, Ymas! See you later!

Vocabulario

1. **Parábola:** Narración corta y simbólica que presenta una enseñanza.
2. **Semilla o pepita:** Es cada uno de los cuerpos que forman parte del fruto que da origen a una nueva planta.
3. **Mostaza:** Es una de las semillas que se utiliza como especie y como ingrediente medicinal desde hace muchos años. Es tan pequeña que resulta difícil de ver.
4. **Convivencia:** Forma de vivir.
5. **Agricultor:** Persona que trabaja y cultiva la tierra.
6. **Raíces:** Parte de las plantas que crece hacia el interior de la tierra.
7. **Plantaciones:** Parte de la tierra dedicada al cultivo de plantas.
8. **Enseñanzas:** Acción de educar para transmitir conocimientos.
9. **Bendecir:** Pedir la protección divina a favor de una persona.
10. **Tierra fértil:** Tierra buena que puede ser usada para la agr icultura y producir buenos frutos.

Vocabulary

1. **Parable:** A short, symbolic narrative that presents a teaching.
2. **Seed:** Each of the bodies that form part of the fruit that give life to a new plant.
3. **Mustard:** One of the seeds that has been used as a spice for cooking as well as a medicinal ingredient for a very long time. It is so small that it is actually very difficult to see.
4. **Coexistence:** A lifestyle
5. **Farmer:** Someone who works in the cultivation of food products through soil.
6. **Roots:** The part of the plants that grow inward in the soil.
7. **Farms:** Part of the land that used for growing plants.
8. **Teachings:** The act of teaching in order to impart knowledge.
9. **Bless:** To ask for God's protection for another person.
10. **Fertile soil:** Good soil that can be used for growing good f ruit.

Alfabetos

Español

Inglés

Alphabets

Spanish

English

Español

a, A	b, B	c, C	d, D	e, E	f, F	g, G	h, H	i, I
a	*be*	*ce*	*de*	*e*	*efe*	*ge*	*hache*	*i*
j, J	**k, K**	**l, L**	**m, M**	**n, N**	**ñ, Ñ**	**o, O**	**p, P**	**q, Q**
jota	*ka*	*ele*	*eme*	*ene*	*eñe*	*o*	*pe*	*cu*
r, R	**s, S**	**t, T**	**u, U**	**v, V**	**w, W**	**x, X**	**y, Y**	**z, Z**
erre	*ese*	*te*	*u*	*uve*	*uve doble*	*equis*	*ye*	*zeta*

English

A	B	C	D	E	F	G	H	I
ei	*bi*	*ci*	*di*	*i*	*ef*	*gi*	*eich*	*ai*
J	**K**	**L**	**M**	**N**	**O**	**P**	**Q**	**R**
jei	*key*	*el*	*em*	*en*	*ou*	*pi*	*quiu*	*ar*
S	**T**	**U**	**V**	**W**	**X**	**Y**	**Z**	
es	*ti*	*iu*	*vfi*	*dobl iu*	*ex*	*way*	*zzet*	

Actividades

I. Lee y escribe:

a) Describe la semilla de Mostaza.

b) Haz una lista de lo que aprendiste de esta historia.

c) Escribe los textos bíblicos estudiados:

1. Lucas 8.5-8
2. Mateo 17.20

Activities

I. Read and write:

a) Describe the mustard seed.

b) Make a list of what you learned through this story.

c) Write out the Scripture verses that we studied:

1. Luke 8.5-8
2. Matthew 17.20

a)

b)

c)

1.

2.

Actividades

II. Dibuja al sembrador plantando la semilla de mostaza.

Activities

II. Draw the sower planting a mustard seed.

Actividades

III. Preguntas para responder:

1. ¿Cuántos amigos tiene Ymas?
2. ¿Cómo se llaman los amigos de Shalom?
3. ¿Cómo se llama el nuevo amigo de Amal?
4. ¿Te gustaría visitar la ciudad de Belén con Amal? ¿Por qué?
5. ¿Qué lugares de Belén deseas conocer?

Activities

III. Read and write:

1. How many friends does Ymas have?
2. What are the names of Shalom's friends?
3. What is the name of Amal's new friend?
4. Would you like to visit the town of Bethlehem with Amal? Why?
5. What parts of Bethlehem would you like to see?

1. ______________________________

2. ______________ ______________

______________ ______________

____

3. ______________________________

4. ______________________________

____

____

____

5. ______________________________

____

____

____

____

Actividades

IV. ¿Qué falta en el segundo dibujo?

Activities

IV. What is missing in the second drawing?

1

2

Actividades

V. Frases para leer, meditar y reaccionar:

1. Todo es posible
2. Árbol de mostaza
3. Arbusto fuerte
4. Mirada de alegría
5. Semillas que sanan
6. Lecciones de amor
7. Vivir en paz
8. Amar al amigo
9. Perdonar al que nos hiere
10. Sanar al herido
11. Trabajar en buena tierra

Activities

V. Phrases for reading, meditating and responding:

1. All things are possible
2. Mustard tree
3. Strong bush
4. Happy look
5. Seeds that heal
6. Lessons of love
7. Living in peace
8. Loving your friends
9. Forgiving those that hurt us
10. Healing the wounded
11. Working the good soil

Actividades

VI. Mar de Galilea: Marca las palabras y dibujos repetidos.

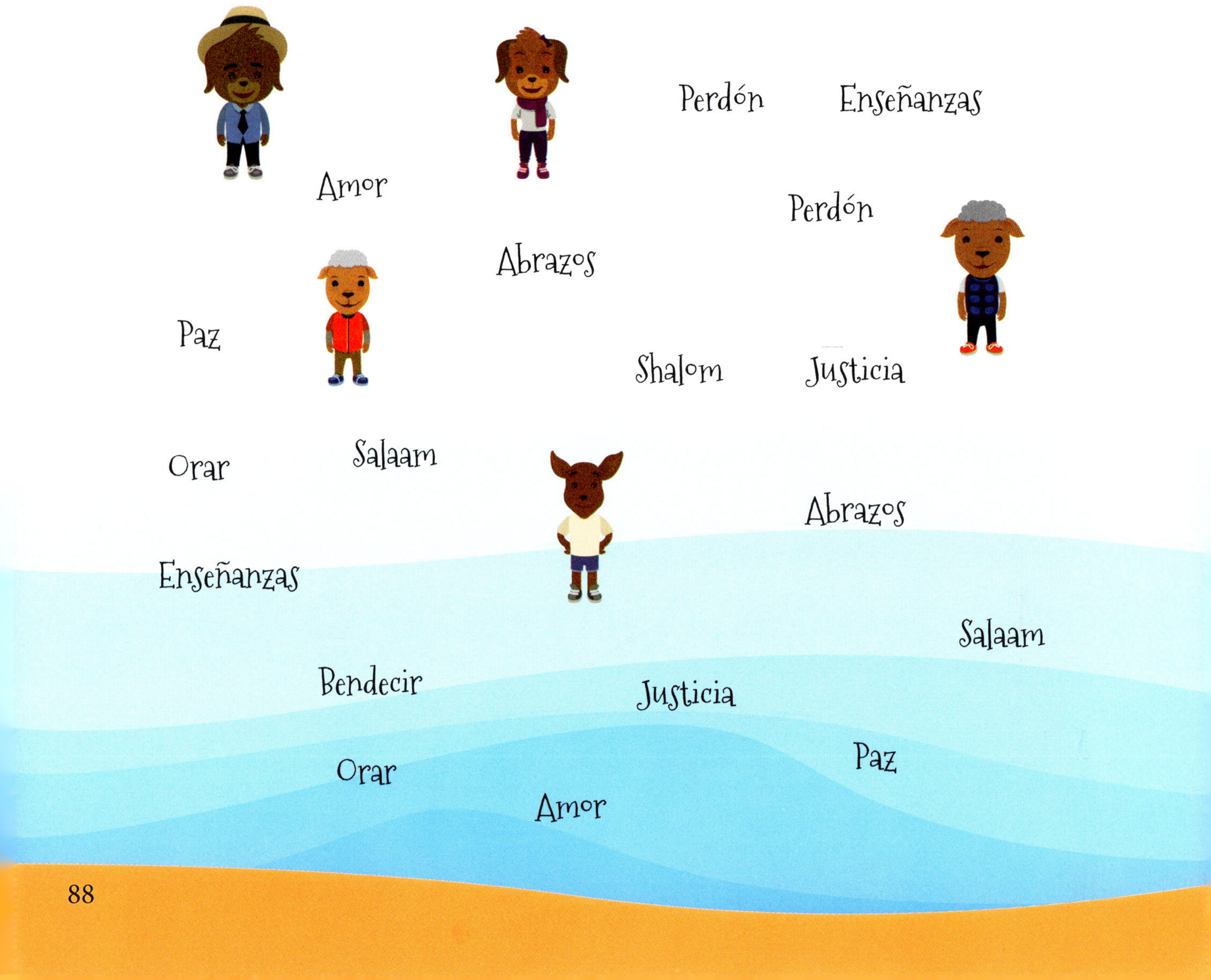

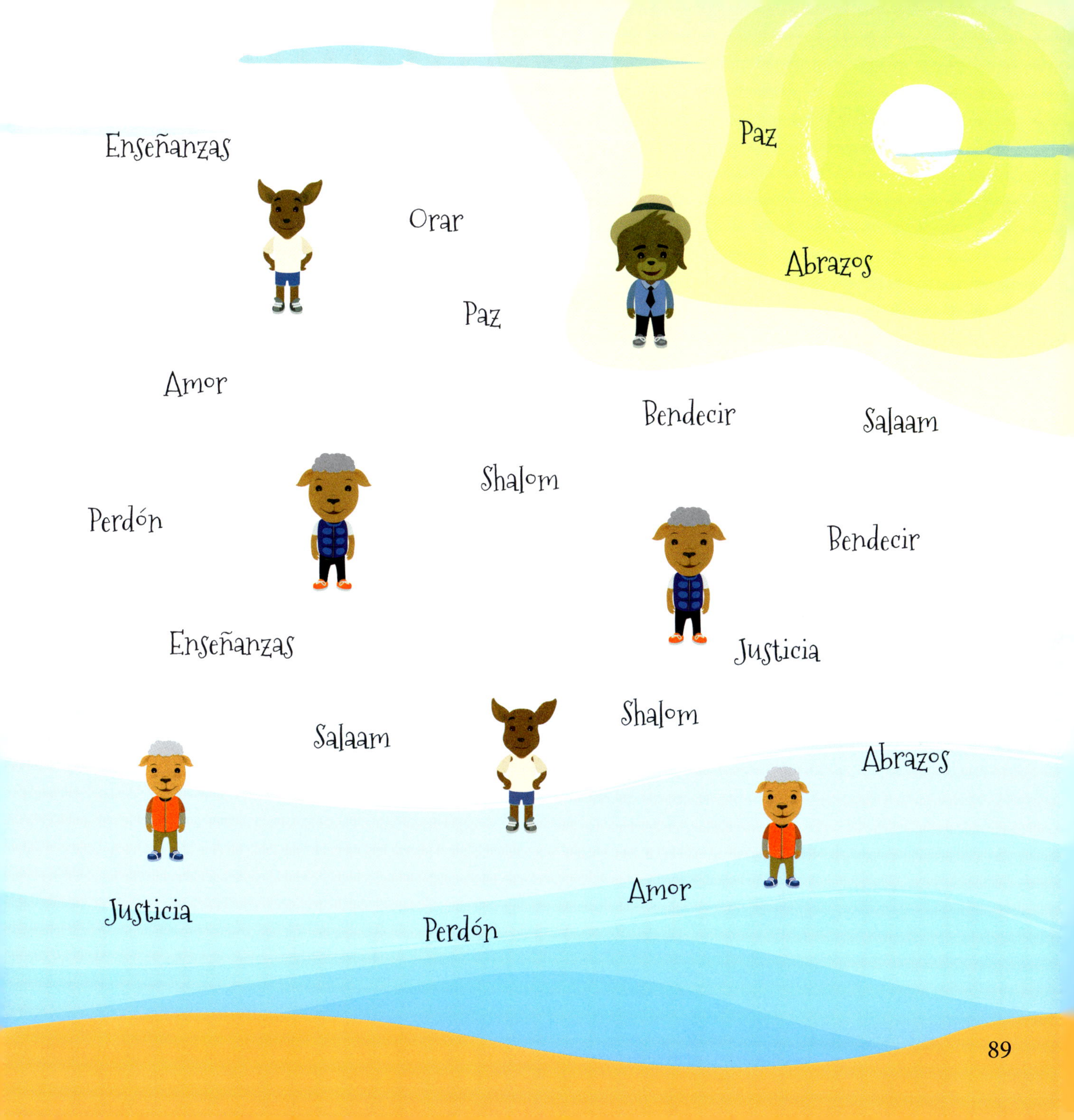
Enseñanzas
Paz
Orar
Abrazos
Paz
Amor
Bendecir
Salaam
Shalom
Perdón
Bendecir
Enseñanzas
Justicia
Shalom
Salaam
Abrazos
Justicia
Amor
Perdón

Activities

VI. Sea of Galilee: Mark the words and drawings that are repeated.

Hugs
Love
Peace
Peace
Prayer
Justice
Salaam
Shalom
Salaam
Prayer
Hugs
Blessing
Teachings
Shalom
Forgiveness
Peace
Forgiveness
Salaam
Prayer
Forgiveness
Forgiveness
Love

Actividades

VII. Pinta los dibujos de la historia.

Activities

VII. Color the drawings in the story.

Dedicatoria

Carta de amor…

¡Saludos, nietos, nieta, sobrinas y sobrinos nietos, nietas y nietos adoptados de tantas tierras queridas!

Les presento mi cuarto libro. Está dedicado a ustedes. Mis tres nietos: Samuel Andrés, Ian Gabriel y Mathew Alexander. Mi nieta: Natalie Isabelle. Mis sobrinos nietos: Esteban, Angelito, Benjamín, Manuel, Ethan, Daniel. Mis sobrinas nietas: Megan, Cristina, Angélica, Ciara y Anna Isabel. También es importante mencionar a mi nieta y nietos adoptados de Panamá, Palestina (Belén), Chile, Argentina, EUA, México y Puerto Rico: Pamela, Luciano, Fraccesco, Nolan Jonah, Santiago, Isabella y Rodrigo. Ustedes representan a tantos niños y niñas que amo de los diferentes países donde he vivido y me ha llevado el Señor a servir. A todos los atesoro como si fueran parte de mi sangre. Imposible mencionarlos uno a uno pero mis sentimientos de ternura y cariño para ustedes y ellos están vivos y siempre presentes.

En este segmento deseo recordarles a todos, la juventud y niñez cercana a mi corazón, ¡cuánto los amo y cuán importante son para mí y para Dios! Cada uno moldea la buena semilla de la creación. Han sido formados y sembrados en el corazón de muchas personas para bendecir, alegrar, transformar, ayudar y ser el mejor instrumento del Señor en el lugar donde vivan y se desarrollen.

¡Disfruten esta historia que he escrito para la niñez y juventud del mundo! Por favor, sean las mejores voces de este importante libro. Mis oraciones son para que estén bien siempre, aún en los desafíos más grandes de la vida.

¡Los quiero mucho y mucho más de lo que piensan!

Abuelita Mimí
Dra. Nohemí C. Pagán
Profesora de Espiritualidad y Educación Transformadora
Centro de Estudios Bíblicos en Jerusalén

Dedication

A letter of love…

Greetings, grandsons, granddaughter, nieces and nephews as well as our adopted grandchildren from so many countries that we dearly love!

I present to you my fourth book. It is dedicated to all of you. My three grandson: Samuel Andrés, Ian Gabriel and Mathew Alexander. My granddaughter: Natalie Isabelle, My grandnephews: Esteban, Angelito, Benjamín, Manuel, Ethan, Daniel. My grandnieces: Megan, Cristina, Angélica, Ciara and Anna Isabel. I would like also to mention, my adopted grandchildren from Panama, Chile, Bethlehem, Argentina, USA, Mexico and Puerto Rico: Pamela, Luciano, Francesco, Nolan, Jonah, Santiago, Isabella and Rodrigo. You represent the many children from the different countries in which the Lord has taken me to live and serve. I love all of you as if you were part of my very own family.

It is impossible here to mention you each by name, the youth and childhood so close to my heart. I love you so very much and you are important to me and to God! Each of you are a model of the good seed of creation. You have been formed and planted in the heart of many people to bless, make ahppy, transform help and to be the best instrument for the Lord in the place where you live and grow.

Enjoy this story that I have written for the children and youth of the world!. Please, be the best voices of this important book. My prayers are that you will always be well, even in the greatest challenges of life.

I love you very much, much more than you can imagine!

Grandma Mimí
Dra. Nohemí C. Pagán
Professor of Spirituality and Transforming Education
Jerusalem Center for Biblical Studies

Agradecimientos

La gratitud debe ser uno de los sentimientos más genuino y sincero que debe poseer cada persona. En siglos pasados, Cervantes decía que la ingratitud es uno de los peores pecados que puede padecer la humanidad.

En este proyecto le debo muchas expresiones de gracias a varias personas que deseo mencionar. No quisiera dejar a ninguna fuera de mi lista. Espero que mi fragilidad humana no me traicione. Si eso sucediera, a los que no mencione les pido perdón.

Jonathan, mi "fiel sobrino panameño" y al departamento de diseño del Centro Mundial de Avivamiento y sus Pastores Ricardo y Maria Patricia Rodríguez mis palabras son muy cortas para agradecerles todos los esfuerzos, arte, belleza y pasión que embellecen esta obra. Sus talentos, habilidades y ayuda incondicional lograron realizar mis sueños. ¡Gracias mil, muchas veces!

A todos mis amigos, amigas, hermanos, hermanas, iglesias, instituciones, colaboradores de diferentes partes del mundo que hicieron posible lograr atender tantos compromisos con sus ofrendas de amor, invitaciones, oraciones, y estuvieron presentes afirmando mi ministerio en diferentes formas. ¡Muchas gracias, por acompañarme y ayudarme cuando más los necesitaba!

Finalmente, y muy importante para mí, deseo reconocer la presencia incondicional y siempre fiel en mis trabajos de mi esposo Samuel. Sus sabios consejos y su sabiduría literaria están presentes en muchas de las ideas aquí plasmadas.

Junto a mi amoroso compañero están mis hijos, hijas, nietos y nieta quienes en sus conversaciones diarias me animan a seguir construyendo lo que el Señor escribe en mi corazón y marca en mis pensamientos.

A los que debo identificar, pero que son muchos, les digo, ¡Gracias desde lo profundo de mi corazón!

Dra. Nohemí C. Pagán

Acknowledgements

Gratitude should be one the most genuine and sincere sentiments that every person should possess. The Spanish author Cervantes said, many centuries ago, that ingratitude is one of the worst sins that humanity could endure. That is a sin that I do not want to experience as I write...

In this project, I am greatly indebted to a number of people that I would like to mention. Since I do not want to forget mentioning everyone on my list, I hope that my frail humanity does not fail me. If that does happen, I would ask those that I don´t mention to please forgive me.

Jonathan, my "faithful Panamanian nephew", my words are not enough to thank you for your passionate artistic efforts to beautify this work. A thousand thanks for your unconditional commitment that has made this project possible. Your talents and abilities have helped me fulfill my dreams. A thousand thanks!

To all my friends, brothers and sisters, churches, institutions, colleagues in different parts of the world that have enabled me to fulfill all of my many commitments. Your love offerings, invitations, prayers and presence have affirmed my ministry in different ways. Thank you very much for your support when I most needed it.

Finally, and very important for me, I want to recognize the unconditional presence and continual faithful support of my works by my husband Samuel. His wise advice and literary genius is evident in many of the ideas presented in this work.

Along with my loving companion are my sons, daughters and grandchildren who through our daily conversations encourage me to continue building on what the Lord is writing on my heart and impressing in my thoughts.

To all those I have mentioned and to those I should mention, but are too many, I say thank you from the bottom of my heart!

Dr. Nohemí C. Pagán

Datos biográficos

La Dra. Nohemí C. Pagán, oriunda de Puerto Rico, por muchos años ha servido de forma destacada en el ministerio de las publicaciones, como autora y editora, es ministra ordenada de la Iglesia Cristiana (Discípulos de Cristo), y se doctoró en educación y espiritualidad. Además, es madre de Samuel (casado con Yasmín), Luis Daniel (casado con Ileana), y abuela de Samuel Andrés, Matew Alexander, Ian Gabriel, y Natalie Isabelle. Junto a su esposo, el Dr. Samuel Pagán, viven en Orlando, Florida, y en Jerusalén, Tierra Santa.

En esta obra, la Dra. Pagán, presenta a los personajes de todos sus libros transformados.

Dr. Nohemí C. Pagán, a native of Puerto Rico, has served with distinction for many years in world of publishing, both as an author and an editor. She is an ordained minister with the Christian Church (Disciples of Christ) and has earned a doctorate in education and spirituality. She and her husband, Dr. Samuel Pagán, live in Orlando, Florida and in Jerusalem, in the Holy Land. They are the parents of Samuel (married to Yasmin) and Luis Daniel (married to Ileana) and grandparents to Samuel Andrés, Mathew Alexander, Ian Gabriel and Natalie Isabelle.

In this book, Dr. Pagán presents the characters from all of her books, transformed.